Pour June
Catlow
J.R.

Pour Christine,
Ian & Bob
G.W.

Texte français de Nelle Hainaut-Baertsoen

Titre original : The King who lost his Crown
Magi Publications
London

■

ISBN 2-87142-058-0
D/1995/3712/12

Le Roi qui avait perdu sa Couronne

Jill RATTRAY & Gwyneth WILLIAMSON

Mijade

Il était une fois, dans un pays très loin d'ici,
un roi qui parcourait son royaume à cheval.
Le cheval caracolait fièrement,
le roi rebondissait en cadence,
mais ça ne l'empêchait pas de dire bonjour
à tous ses sujets au passage.
Tout le monde le reconnaissait
à sa grande couronne d'or.

Partout on le saluait, dans les villes…

… et les campagnes,

et dans la forêt,
les oiseaux
se pressaient
pour le voir.

Au plus profond de cette forêt
vivait un lion majestueux.
Il avait une superbe crinière
et poussait d'énormes rugissements,
en vrai roi des animaux.

Un peu plus loin,
dans une clairière où coulait un ruisseau,
vivait une licorne. Elle était très belle,
et passait des heures à admirer son reflet dans l'eau
ou à danser au son des chants d'oiseaux.

A la lisière de la forêt,
juste en bordure des champs,
vivait un tout petit hérisson.
Il commençait à avoir bien sommeil.
Déjà l'automne rougissait les premières feuilles,
et il serait bientôt temps pour lui de trouver un coin
où se rouler en boule pour passer l'hiver.

C'est alors que le roi vint à passer par là.
Son cheval caracolait de plus belle,
et le roi rebondissait toujours plus haut...
si haut qu'en retombant il perdit sa couronne.
Elle alla rouler dans un creux, sous les feuilles.

Le roi eut beau regarder partout,
il ne put la retrouver.
"Tant pis", se dit-il.
"Je reviendrai la chercher demain."

Il remonta en selle
et partit au galop.
Il savait qu'au château
l'attendait son repas favori :
croque-monsieur et glace à la framboise.

Le lion aperçut la couronne.
"Voilà exactement ce qu'il me faut, se dit-il, enchanté, pour que tout le monde voie que je suis le roi des animaux."
Mais la licorne avait vu la couronne avant lui.
"Voilà exactement ce dont je rêvais", pensa-t-elle.
"Ce sera joli avec ma corne !"

"Cette couronne est à moi, c'est moi qui l'ai trouvée !"
se fâcha la licorne. Et elle tapa du pied.
"Seuls les rois portent une couronne !"
se fâcha à son tour le lion.
Et il fouetta l'air de sa longue queue rousse.

La licorne pencha la tête
et menaça le lion de sa corne.

Le lion montra les dents.
Il en avait beaucoup,
et en prenait grand soin.

"Je vais te mordre", dit le lion.
"Je vais te donner un coup de pied", dit la licorne.
"Je vais courir après toi", menaça le lion.
"C'est moi qui vais courir après toi", répondit la licorne.
Les deux animaux se dressèrent
et se mesurèrent du regard.

La lune se leva.
Ils ne se quittaient
pas des yeux.

La lune disparut,
le soleil se leva.
Ils étaient encore
les yeux dans les yeux.

Ils n'avaient toujours pas baissé les yeux
quand le roi revint, à la recherche de sa couronne.
"Ah, la voilà !" dit-il. Il la ramassa, et se la mit sur la tête.

"Aïe !" cria le roi. "Ouille!"
Le lion et la licorne, surpris, cessèrent de se regarder pour regarder le roi.

Il sautait d'un pied sur l'autre et se tenait la tête à deux mains.
"Mais que vous arrive-t-il ?" demandèrent le lion et la licorne.
"C'est ma couronne", gémit le roi. "Elle me pique !"

Le roi ôta sa couronne.
Il y avait quelque chose dedans,
quelque chose de petit et piquant, roulé en boule,
qui ronflait tout doucement.
C'était le hérisson, qui avait trouvé l'endroit idéal
pour passer l'hiver.
"Oooh !" murmura le roi.
"Oooh !" murmurèrent le lion et la licorne.
Aucun des trois n'eut le cœur de réveiller le dormeur.

"Je reviendrai chercher ma couronne au printemps", dit le roi.
"Je n'ai pas vraiment besoin de couronne", dit le lion.
"Tout le monde sait bien que je suis le roi des animaux."
"Moi non plus, je n'en ai pas besoin", dit la licorne.
"Je la perdrais en dansant."

Le lion s'en alla mettre au point un rugissement particulièrement royal, dont il fut assez content.

La licorne, au bord de l'eau, inventa une nouvelle danse dont elle fut assez contente.

Rentré au château, le roi trouva une autre couronne au fond d'une vieille armoire, et il fut très content.

Quant au petit hérisson,
il dormit tranquillement tout l'hiver,
parfaitement content !